A SARA REGGIANI, QUE DIO A ESTE LIBRO SU PRIMERA VOZ EN ESPAÑOL.
A REBECCA, A SUS JUEGOS.

Título original: *Chi vorresti essere?*

Colección libros para soñar

© del texto y de las ilustraciones: Arianna Papini, 2011

© de la traducción: Xosé Ballesteros, 2011

© de esta edición: Kalandraka Ediciones Andalucía, 2011
Avión Cuatro Vientos, 7. 41013 Sevilla
Telefax: 954 095 558
andalucia@kalandraka.com
www.kalandraka.com

Impreso en Gráficas Anduriña, Poio
Primera edición: octubre, 2011
ISBN: 978-84-92608-43-0
DL: SE 6360-2011
Reservados todos los derechos

¿QUÉ TE GUSTARÍA SER?

arianna papini

kalandraka

REBECA, ¿QUÉ TE GUSTARÍA SER?

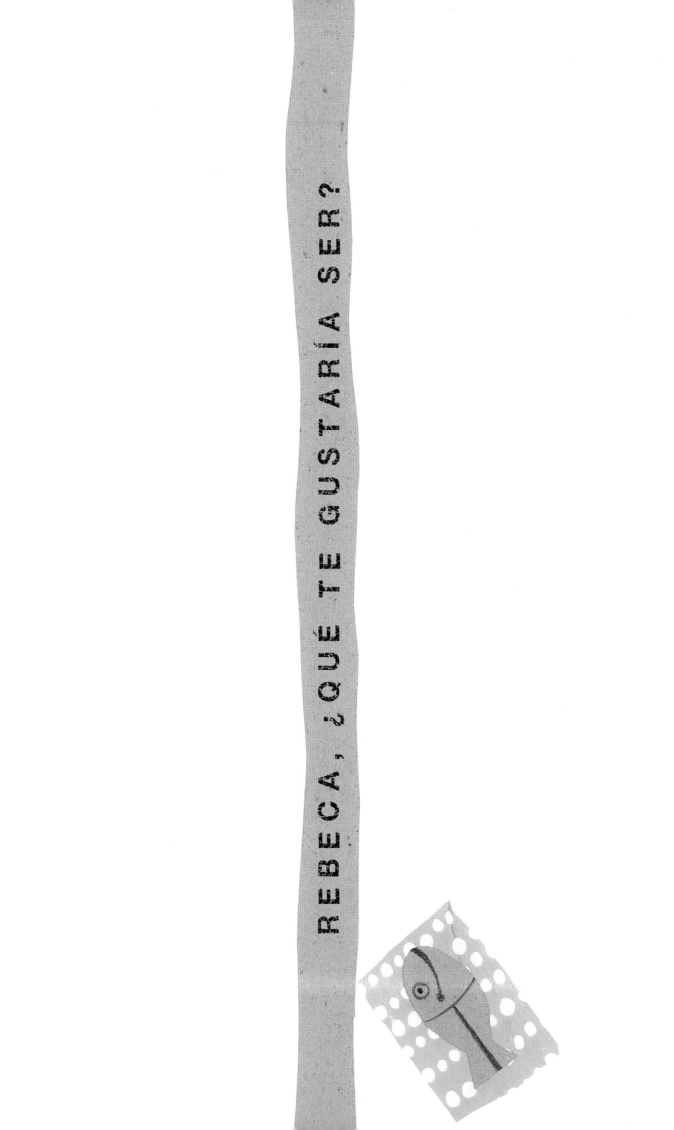

ME GUSTARÍA SER UN PEZ
PARA ESCUCHAR EL SILENCIO Y NADAR LIBRE EN EL MAR.

PEZ, ¿QUÉ TE GUSTARÍA SER?

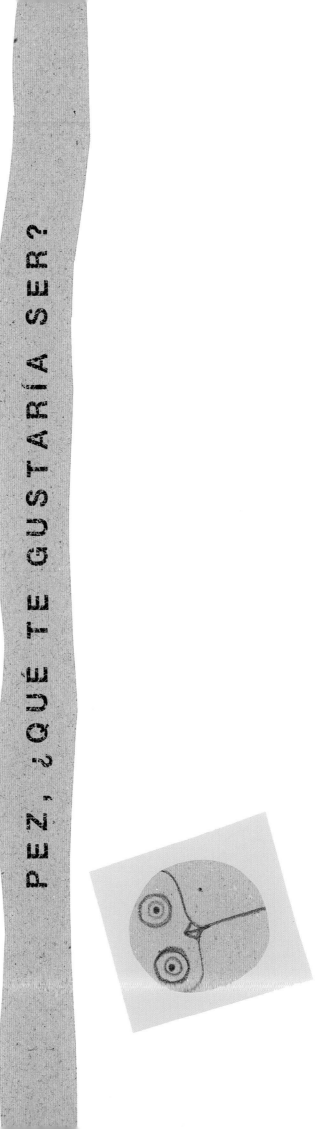

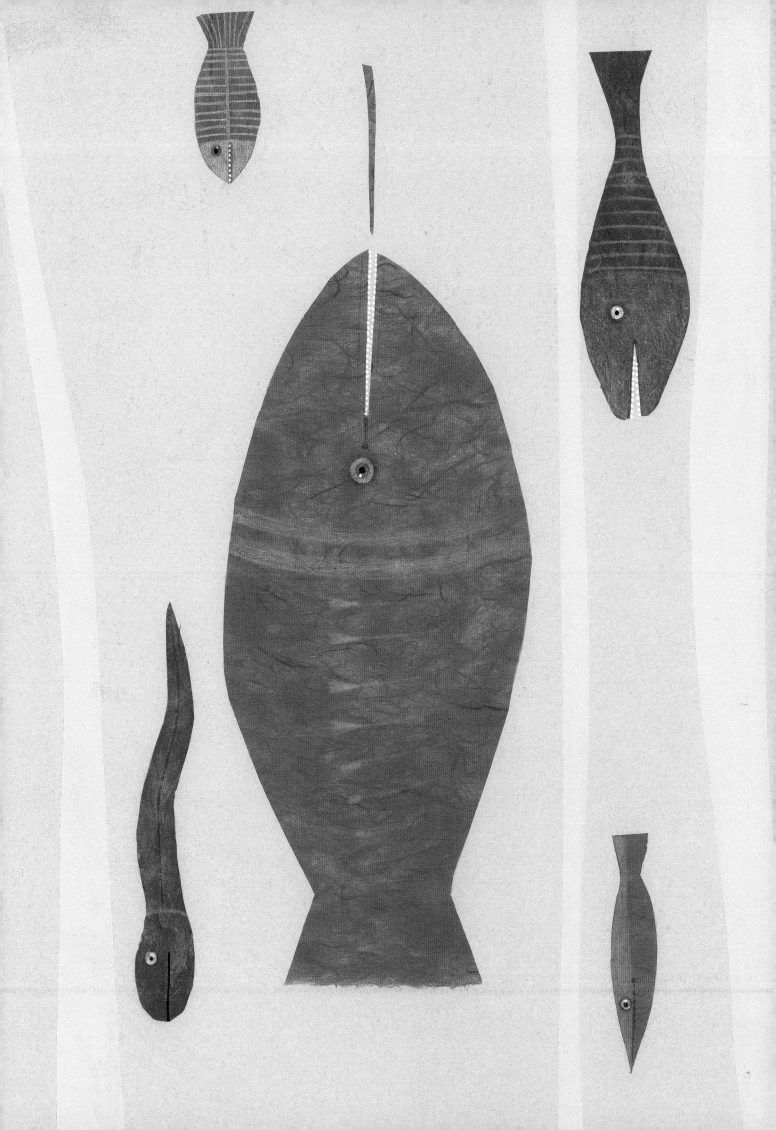

ME GUSTARÍA SER UNA LECHUZA

PARA SABOREAR RATONES Y CONEJOS, Y VOLAR LIBRE EN EL CIELO.

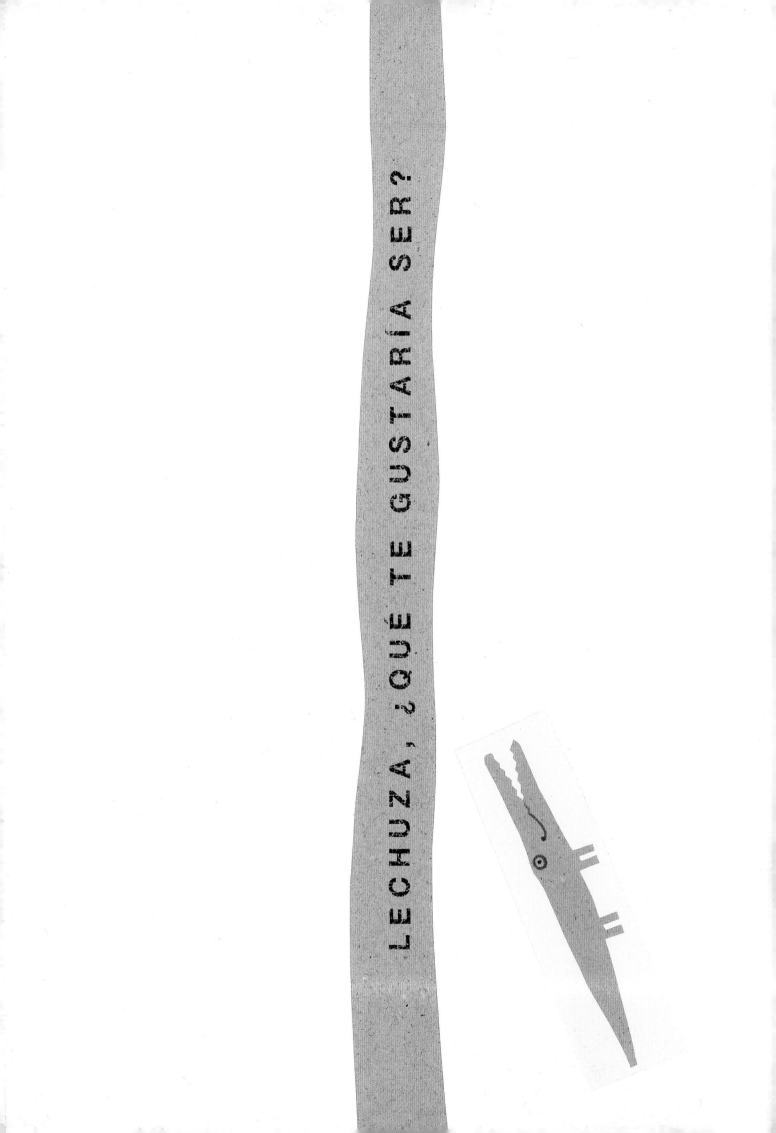

LECHUZA, ¿QUÉ TE GUSTARÍA SER?

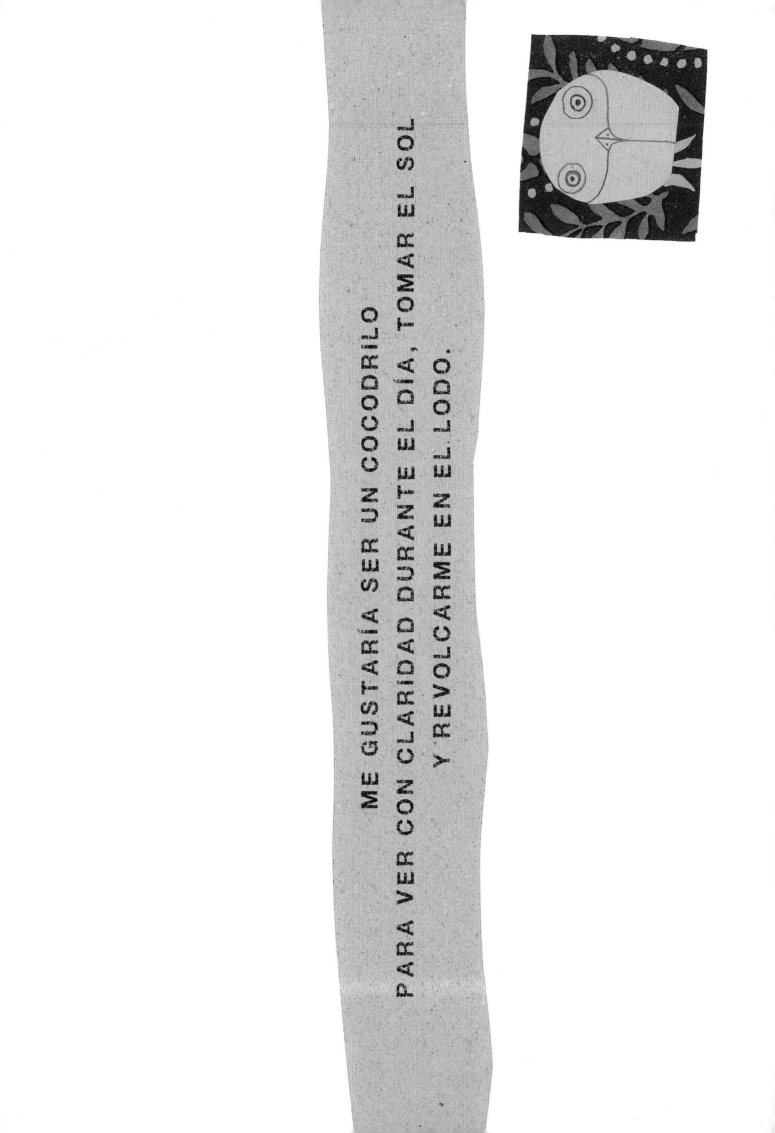

ME GUSTARÍA SER UN COCODRILO

PARA VER CON CLARIDAD DURANTE EL DÍA, TOMAR EL SOL

Y REVOLCARME EN EL LODO.

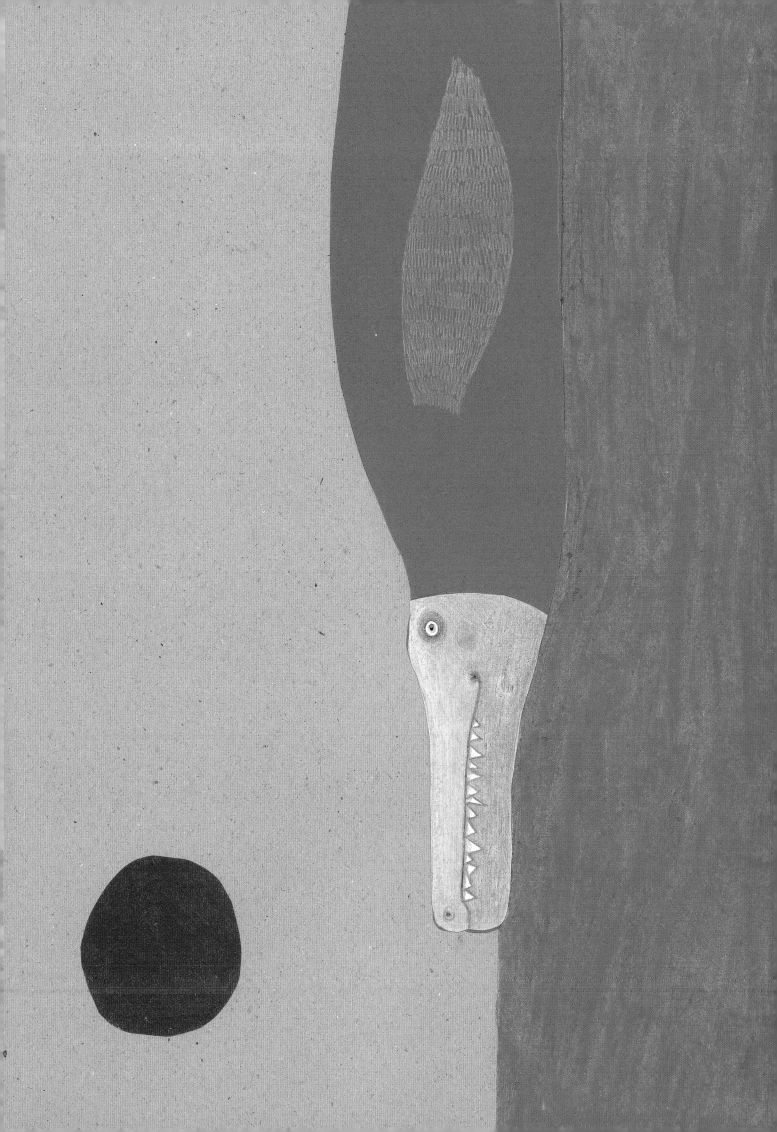

COCODRILO, ¿QUÉ TE GUSTARÍA SER?

ME GUSTARÍA SER UN TUCÁN

PARA QUE TODOS ADMIREN LOS COLORES DE MI PICO Y PODER ESTAR

ENTRE LOS OTROS ANIMALES SIN QUE ME TENGAN MIEDO.

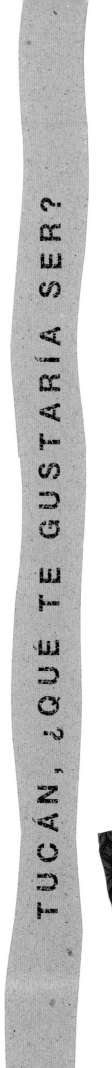

TUCÁN, ¿QUÉ TE GUSTARÍA SER?

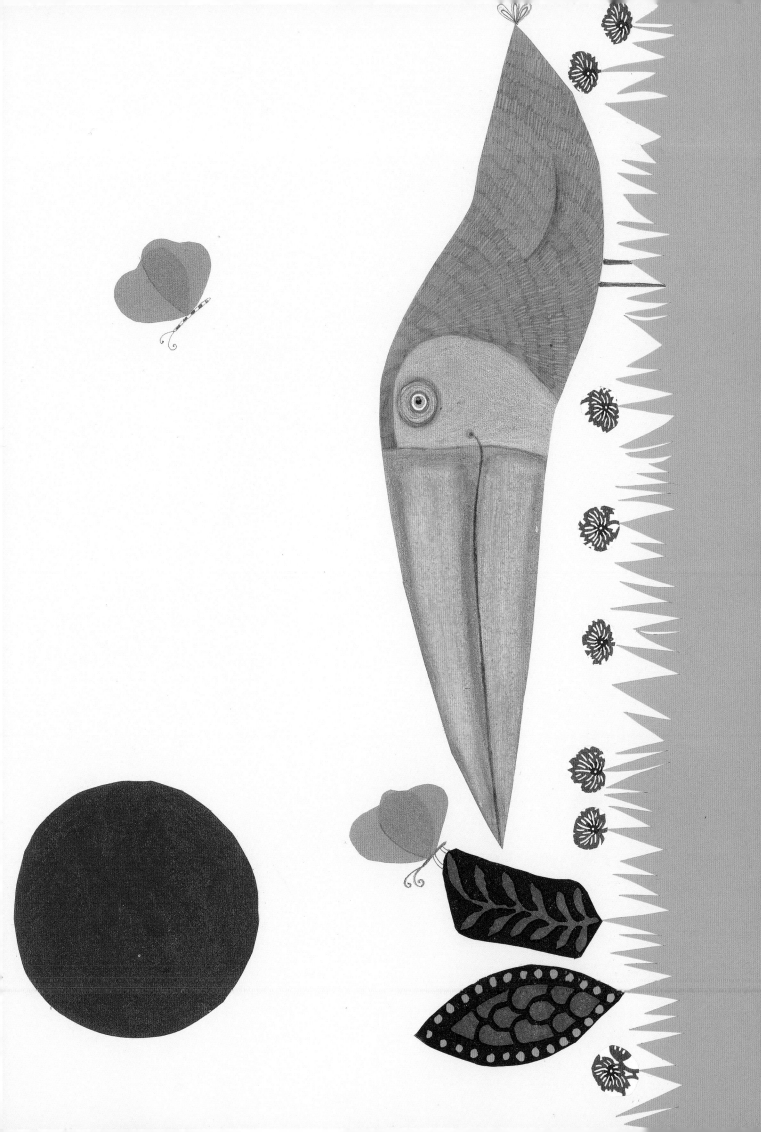

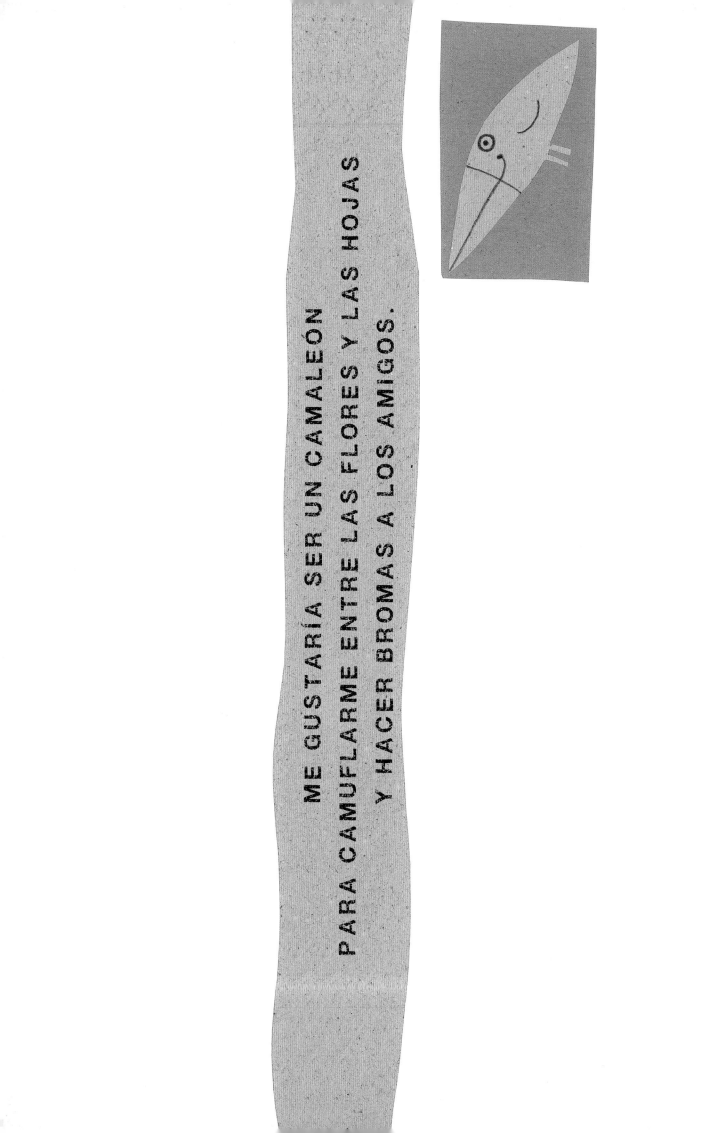

ME GUSTARÍA SER UN CAMALEÓN

PARA CAMUFLARME ENTRE LAS FLORES Y LAS HOJAS

Y HACER BROMAS A LOS AMIGOS.

CAMALEÓN, ¿QUÉ TE GUSTARÍA SER?

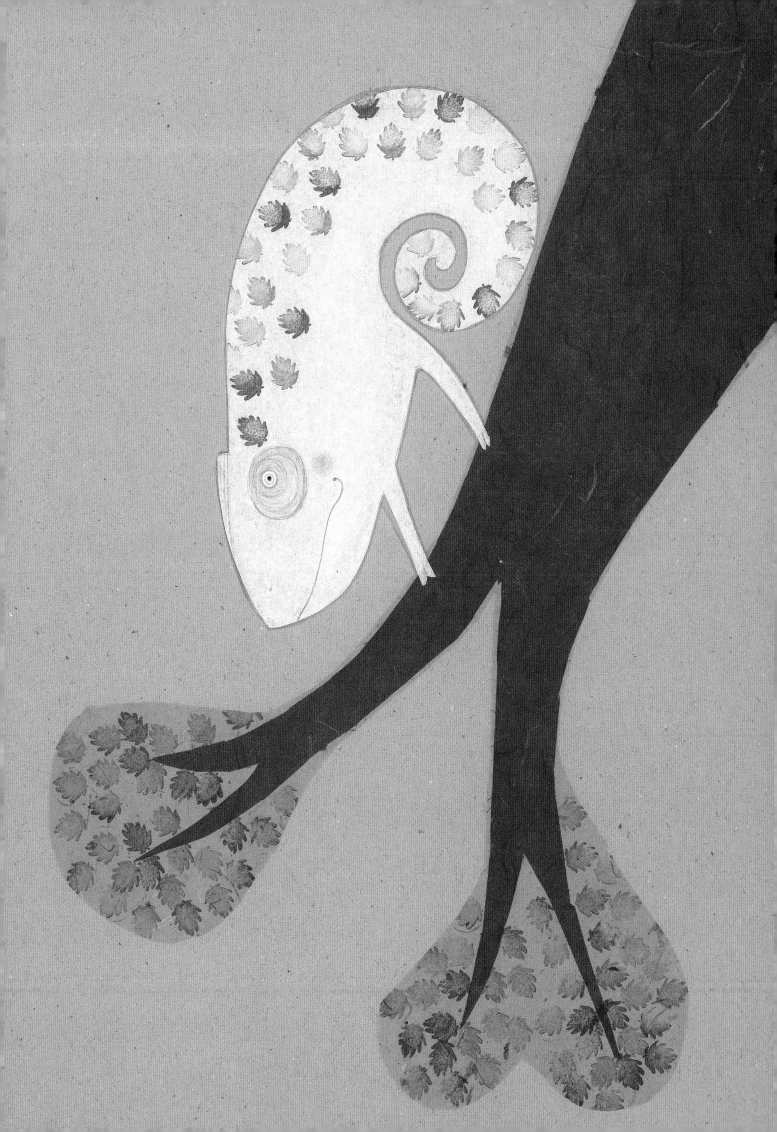

ME GUSTARÍA SER UN GATO

PARA TENER UNA PIEL SUAVE Y QUE ME ACARICIEN LOS NIÑOS.

GATO, ¿QUÉ TE GUSTARÍA SER?

ME GUSTARÍA SER REBECA

PARA QUE SU MADRE ME ABRACE TODAS LAS NOCHES

ANTES DE DORMIR.

REBECA, ¿QUÉ TE GUSTARÍA SER?

ME GUSTARÍA SER REBECA

PARA PODER JUGAR A SER UN PEZ, UNA LECHUZA,
UN COCODRILO, UN TUCÁN, UN CAMALEÓN, UN GATO...